AF369959

Vente du Samedi 20 Mars 1886

HOTEL DROUOT, SALLE N° 6

A UNE HEURE ET DEMIE

TABLEAUX et ÉTUDES

AQUARELLES ET DESSINS

PAR

Feu A.-L.-G. LE SOURD DE BEAUREGARD

TABLEAUX & DESSINS

Par divers Artistes

EXPOSITION PUBLIQUE

Le Vendredi 19 Mars 1886, de une heure à cinq heures.

Me ESCRIBE	M. Emile VAN HOESERLANDE
COMMISS^{re}-PRISEUR	EXPERT
rue de Hanovre, n° 6	rue Taitbout, n° 54

PARIS — 1886

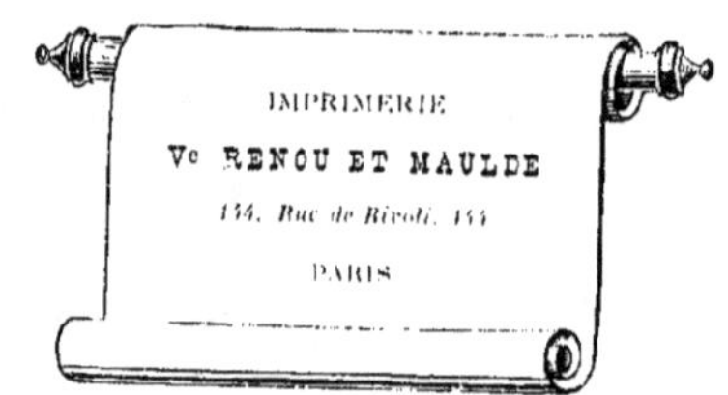
IMPRIMERIE
Vᵉ RENOU ET MAULDE
144, Rue de Rivoli, 144
PARIS

CATALOGUE

DE

TABLEAUX ET ÉTUDES

AQUARELLES ET DESSINS

PAR

Feu A.-L.-G. LE SOURD DE BEAUREGARD

TABLEAUX & DESSINS

PAR

De Lavallée-Poussin, Mignon, Baptiste Monnoyer
Van Spaendonck, Mme Lebrun, etc.

OBJETS DIVERS

COMPOSANT LA

Collection de M. LE SOURD DE BEAUREGARD

DONT LA VENTE AUX ENCHÈRES PUBLIQUES AURA LIEU

PAR SUITE DE SON DÉCÈS

HOTEL DROUOT, SALLE N° 6

Le Samedi 20 Mars 1886

À UNE HEURE ET DEMIE

La vacation étant très chargée

M° ESCRIBE	**M. Emile VAN HOESERLANDE**
COMMISS^re-PRISEUR	EXPERT
rue de Hanovre, n° 6	rue Taitbout, n° 34

CHEZ LESQUELS SE DISTRIBUE LE CATALOGUE.

EXPOSITION PUBLIQUE

Le Vendredi 19 Mars 1886, de une heure à cinq heures.

PARIS — 1886

CONDITIONS DE LA VENTE

Elle sera faite au comptant.

Les Acquéreurs paieront CINQ POUR CENT en sus des adjudications, applicables aux frais.

Aucune réclamation ne sera admise après l'adjudication prononcée.

LE SOURD DE BEAUREGARD (ANGE-LOUIS-GUIL-
LAUME), est né à Paris, le 17 Avril 1800. Fils d'un magistrat
au Tribunal de Versailles, il suivit la carrière artistique, reçut
les leçons des frères Van Spaendonck et se consacra spécia-
lement à la peinture de fleurs et de fruits. En 1820, il
débuta au Salon de Paris avec une « *Branche de Lilas* ».
L'année suivante, il exposa un Tableau de « *Légumes* ». En
1835, ce furent quatre Tableaux de « *Fleurs* et de *Fruits* »,
dont une « *Croisée entourée de vigne avec un pot de reines-
marguerites* » et un « *Cadre d'études* ». En 1836, 1837, 1838,
1840, 1841, 1845, 1853, 1861 et 1865, il exposa des *Fleurs*
et des *Fruits*.

Un « *Vase de fleurs* » lui mérita, en 1842, la médaille
d'or de 3ᵉ classe. Voici, depuis cette époque, la liste de ses
principales expositions : *Bouquet de Fleurs, Grappes de
raisin* et *Pêches*; *Étude de Fleurs* (1847) : *Études de Raisin
blanc de Damas*; *Étude de Spaendoncea* (Arabie-Heureuse) ;
une *Tête de vieillard* et un *Paysage*, pastel (1848) ; — *Fleurs
sur une table, Légumes, Canard, Homard*, etc. (1849) ; Tableau en guéridon, représentant une *Couronne* de fleurs qui
entoure un aquarium avec des poissons rouges, acheté par

l'empereur (1850); — *Branche de vigne, raisin blanc, sur laquelle un oiseau picore* (1851); *Panier de pêches* (1853); — *Fleurs et Fruits* (E. V. 1855); — *Panier de pêches* (1857); *Notre-Dame des Fleurs* (1859); *Roses blanches* (1869).

Outre la distinction citée plus haut, M. Le Sourd de Beauregard a obtenu une médaille d'or à Rouen, en 1845, et son rappel en 1847; la grande médaille d'argent à Rouen, en 1837, et son rappel en 1838, une autre grande médaille d'argent à Boulogne-sur-Mer, en 1845, des médailles d'argent à Douai et à Valenciennes, en 1835, et une médaille de bronze à Rouen, en 1838. Il a été nommé au Concours, en 1841, professeur d'iconographie végétale au Muséum d'histoire naturelle en remplacement de Redouté.

(Extrait de la *Biographie nationale des Contemporains*).

ŒUVRES

De M. LE SOURD DE BEAUREGARD

TABLEAUX ET ÉTUDES

1 — Groupe de la Vierge et l'Enfant Jésus sur un piédestal chargé de fleurs.

Toile. — H. 1m75. L. 1m05.

C'est sur la présentation de cet important tableau que l'artiste fut nommé au Concours en 1841 professeur d'iconographie végétale au Muséum d'histoire naturelle en remplacement de Redouté.

2 — Pie défendant son nid contre un écureuil.

Toile. — H. 1m38. L. 1m06.

3 — Raisins, Pêches, quartier de Melon, Fleurs, Insectes et Colimaçon.

Toile. — H. 0m60. L. 0m51.

4 — Raisins, Pêches, Figues, Framboises et Fleurs.

Bois. — H. 0^m65. L. 0^m54.

5 — Raisins, Pêches, Prunes, Groseilles et Ananas, sur une table de chêne.

Toile. — H. 0^m59. L. 0^m73.

6 — Lilas sur un banc de pierre.

Toile. — H. 0^m60. L. 0^m74.

7 — Branches de Pivoines.

Bois. — H. 0^m62. L. 0^m48.

8 — Fleurs dans un vase de cristal posé sur une tablette de marbre.

Toile. — H. 0^m55. L. 0^m46.

9 — Raisins, Pêches, Prunes, Groseilles et Fleurs, en partie dans une corbeille placée sur une table.

Bois. — H. 0^m55 L. 0^m44

10 — Roses blanches et Myosotis dans un vase posé sur une tablette de marbre.

Toile. — H. 0^m65. L. 0^m42.

11 — Raisin blanc, Pêches, Prunes et Insectes, sur un banc de pierre. Peint sur une plaque de marbre de forme octogone.

12 — Le Déjeuner d'un Moine.

Toile. — H. 0^m46. L. 0^m55.

13 — Chardonneret et Raisin blanc.

14 — Pêches, Raisin noir et Insectes.

15 — Roses et Boutons de roses.

16 — Roses, Chrysanthèmes et Œillets.

17 — Pêches, Prunes, Framboises et Groseilles.

18 — Abricots, Cerises et Prunes.

19 — Roses et Nid.

20 — Fleurs sur une table de marbre.

21 — Guirlandes de fleurs, d'après Corneille Van
       Spaendonck. Deux pendants.

22 — Chardonneret et Raisin blanc.

23 — Le Guéridon de l'ouvrière.

24 — Raisins, Noisettes et Œillets blancs.

25 — Œillets dans un verre et Pensées.

26 — Bouquet de Lilas blanc, Rose blanche, Myosotis. etc.

27 — Fleurs diverses.

28 — Bouquet de Pensées.

29 — Cafetière, Pipe, Tabac, etc.

30 — Broc en faïence et Accessoires de fumeur.

31 — Pêches, Raisins, Groseilles et Figues sur un guéridon.

32 — Corbeille renversée contenant des Raisins et des
Pêches, Vase, Chou, Artichauts.

33 — Raisin blanc, Figues, Framboises.

34 — Quatre Etudes : Roses, Pivoines, Pavots, Chrysanthèmes.

35 — Fleurs dans un vase et Fruits.

36 — Deux Études de fleurs.

37 — Cinq Esquisses : Fleurs avec fonds depaysages

38 — Deux Études de fleurs.

39 — Fleurs et Fruits, cinq Études.

40 à 42 — Vingt-trois Études de Paysages.

34 — Huit Études : Têtes, Animaux, Bas-Relief

44 à 49 — Douze Tableaux et Études : Fleurs, Fruits,
Natures mortes.

50 — Coupe, Plat, Vases et Pêches.

51-63 — Treize Études : Fleurs et Fruits.

64-91 — Cent trente-neuf Études : Fleurs, Fruits, etc.
(Seront vendus par lots).

92-93 — Dix Esquisses de compositions de Fleurs et
Paysages.

94 — Neuf Études : Natures mortes.

95 — Groupe d'Oiseaux morts.

96-100 — Soixante-huit Études et Ébauches.

101 — Trois Études de fleurs.

—

AQUARELLES

102 — Bouquet de Roses et Fleurs diverses.

103 — Bouquet de Roses, Pensées, Œillets et Boutons
d'or.

104 — Corbeille de Pensées.

105-118 — Quatre-vingt-deux Aquarelles : Bouquets et
Modèles de Fleurs.

119 — Trois Aquarelles, Paysages : Vues de Suisse,
Ferme, etc.

—

DESSINS

120-129 — Quatre-vingt-quatre Dessins : Modèles de
Fleurs et Paysages.

130 — Tête de Vieillard (Pastel).

TABLEAUX ET DESSINS

PAR DIVERS

131 — **Bafcof** (Alexis). L'Enfant mal gardé.

132 — **École française**. Paysage : les Patineurs.

133 — **École française**. Saint Jérome.

134 — **Franck** (École de). La Mise au tombeau.

135 — **Franck** (École de). La Résurrection. Cadre en cuivre.

136 — **Franquelin**. La bonne Mère.

137 — **Grailly** (De). Vue de Suisse.

138 — **Grailly** (De). Paysage et Animaux, d'après Karel Dujardin.

139 — **Lancrenon**. Nymphe (Dessin).

140 — **Lavallée-Poussin** (De). L'Offrande à la Sagesse.

141 — **Lavallée-Poussin** (De). L'Offrande à la Folie.

> NOTA. — Ces deux importants Tableaux étaient attribués à Fragonard.

142 — **Loutherbourg**. Vaches au pâturage (Dessin au crayon blanc sur fond noir).

143 — **Loutherbourg**. Vaches au pâturage (Dessin au crayon blanc sur fond noir).

144 — **Mignon** (Attribué à Abraham). Pêches, Raisins, Citrons, Insectes, Verre de Venise.

145 — **Monnoyer** (Baptiste). Jeune Fille portant un vase de fleurs.

146 — **Monnoyer** (Baptiste). Fleurs. Deux pendants.

147 — **Rottenhammer**. Les Vierges folles.

148 — **Spaendonck** (Corneille Van). Roses, Boutons de roses et Lys, dans une carafe en verre.

149 — **Spaendonck** (Corneille Van). Grappe de raisin.

150 — **Spaendonck** (Corneille Van). Maïs.

151 — **Spaendonck** (Corneille Van). Guirlandes de fleurs. Deux pendants.

152 — **Spaendonck** (Gérard Van). Roses, Boutons de roses et Myosotis dans un vase (Aquarelle).

153 — **Vernet** (D'après). Paysage marine avec pêcheurs.

154 — **Vigée-Lebrun** (Attribué à Mme). Portrait de femme.

155 — **Van der Werff**. La Madeleine.

156-164 — Neuf Tableaux : Paysages et Copies.

OBJETS DIVERS

165 — Petit Médaillon rond, peint par de Grailly (Paysage).

166 — Miniature. La Danse du Singe.

167 — Miniature. Portrait d'homme.

168 — Deux Figurines en bronze : le Marchand de mort-au-rat et le Tondeur de chiens.

169 — Gravures, Lithographies, Photographies.

170 — Cadres dorés, dont deux en bois sculpté.

171 — Chevalets, Boîte à couleurs, Boîte de miniaturiste.

Vve Renou et Maulde, imprimeurs de la Compagnie des Commissaires-Priseurs, rue de Rivoli. 144. 400—66250